W9-CNX-135

Pregunta al
Dr. Edi Lupa

sobre los Dinosaurios

Escrito por
Claire Llewellyn

Ilustrado por
Kate Sheppard

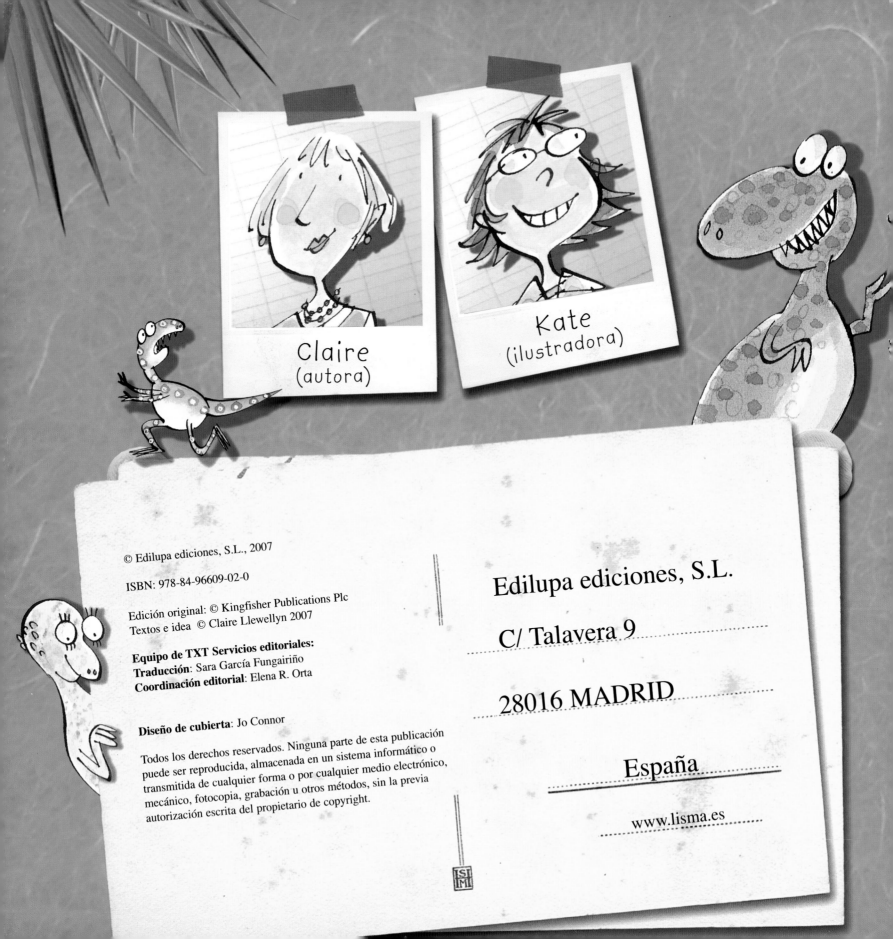

Claire
(autora)

Kate
(ilustradora)

© Edilupa ediciones, S.L., 2007

ISBN: 978-84-96609-02-0

Edición original: © Kingfisher Publications Plc
Textos e idea © Claire Llewellyn 2007

Equipo de TXT Servicios editoriales:
Traducción: Sara García Fungairiño
Coordinación editorial: Elena R. Orta

Diseño de cubierta: Jo Connor

Edilupa ediciones, S.L.

C/ Talavera 9

28016 MADRID

España

www.lisma.es

Pregunta al Dr. Edi Lupa sobre...

Un enorme Diplodocus

Un problema de peso

Querido Dr. Edi Lupa,
Soy una joven hembra de Diplodocus y me gusta vigilar mi peso, pero últimamente he perdido el control. Este año he engordado una tonelada y los dinosaurios más pequeños y delgados se ríen de mí. Sí, ya sé que como un montón, pero sólo verduras ¡y nunca me alimento de comida rápida! ¿Qué estoy haciendo mal?

Monumental, en la pradera

Diplodocus

Ornitholestes

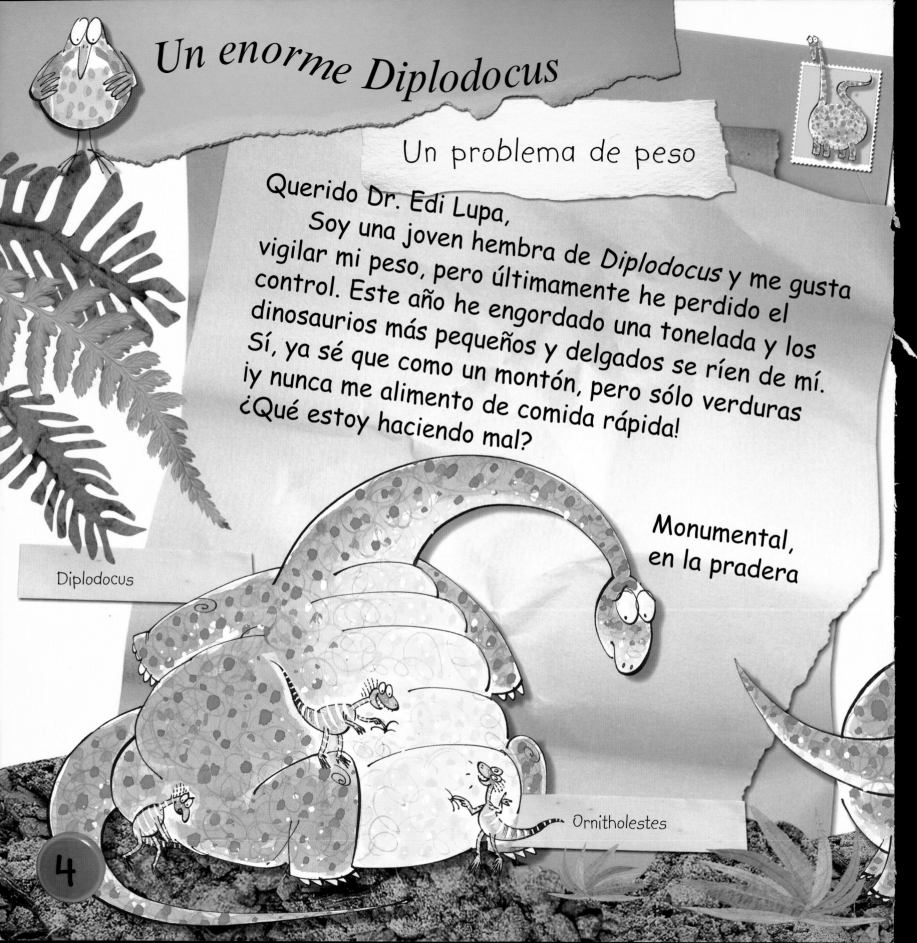

Querida **Monumental**,

No te preocupes, ya que eres absolutamente normal. Vosotros, los diplodocus, crecéis hasta alcanzar un gran tamaño. Cuando tú saliste del huevo, medías alrededor de 1 metro, pero de adulta ¡pesarás 40 toneladas y medirás 36 metros de largo! Perteneces a un grupo de dinosaurios denominado sauropodos, y la clave de tu éxito es el tamaño. Eres demasiado grande para que te molesten los depredadores y tu altura, por encima de los árboles, te permite alimentarte de las hojas que otros dinosaurios no pueden alcanzar.

¡Buen apetito!

Dr. Edi Lupa

Un Tyrannosaurus rex preocupado

Molestias dentales

Tyrannosaurus rex

Edmontosaurus

Triceratops

Querido Dr. Edi Lupa,

Soy un Tyrannosaurus rex y tengo un problema con mi dentadura. Aún soy joven, pero se me están cayendo los dientes. Se supone que soy el cazador más temido de la Tierra, pero no puedo asustar a nadie con mis encías desnudas. ¿Qué es lo que ocurre?

Desdentado, en apuros

Dr. Edi Lupa
¡Solución a tus problemas!
c/ Volando sobre el agua, 1
Arroyo fresco 321 El Soto

Querido **Desdentado**,

Entiendo tu preocupación. Tus dientes son unas armas muy poderosas. Afilados, en forma de sierra y de 18 centímetros de largo, son magníficos para morder, desgarrar y atravesar la piel de tu presa. Por eso se te están cayendo algunos de tus dientes. Pero no te preocupes. A todos los dinosaurios carnívoros les crecen dientes nuevos para reemplazar los que pierden. ¡Nunca perderás tu temerosa sonrisa ni tu potente mordisco!

Respetuosamente tuyo,

Dr. Edi Lupa

Pasa la página para ver **más** sobre los dinosaurios cazadores...

Guía del Dr. Edi Lupa sobre los Dinosaurios Cazadores

Echa un vistazo a estos tres grandes dinosaurios cazadores.

Ellos tienen todo lo que necesitan para cazar: velocidad, fuerza, un sentido muy desarrollado, garras potentes y dientes afilados.

Compsognathus

Altura: 50 centímetros

Peso: 3 kilogramos

Presas: insectos, lagartos y mamíferos

Características para la caza:

- Vista aguda
- Mandíbulas largas y estrechas con pequeños dientes afilados
- Manos con grandes uñas para agarrar a las presas
- Patas largas para una carrera rápida
- Pies con garras para inmovilizar la presa

Altura: 3 metros

Peso: 60 kilogramos

Presas: lagartos y pequeños mamíferos; cuando caza en manada también ataca a dinosaurios grandes

Características para la caza:

- Brazos largos y fuertes para agarrar a la presa
- Grandes manos prensiles con garras
- Patas poderosas para correr y saltar
- Una enorme uña en el segundo dedo en forma de gancho para agarrarse al cuerpo de su presa

Deinonychus

Allosaurus

Altura: 12 metros

Peso: 3 toneladas

Presas: dinosaurios herbívoros de tamaño medio y grande, como Diplodocus

Características para la caza:

- Cuerpo grande y robusto, pero ágil y rápido
- Mandíbulas enormes para asestar bocados mortales
- Dientes grandes, afilados y en forma de sierra para desgarrar a la presa
- Brazos fuertes para coger a la presa
- Tres grandes dedos con garras afiladas

Consejos del Dr. Edi Lupa

 ROBAD la comida de los pequeños dinosaurios. Comer el alimento que otros han conseguido ahorra un montón de energías. ¡También podéis robar la basura!

 MANTENEOS ocultos cuando sigáis de cerca a una manada. Si los animales os ven, se agruparán y será más difícil atacarlos.

 NO OS FIJÉIS en presas que parezcan fuertes y sanas. TRATAD siempre de escoger animales que sean viejos, enfermos o jóvenes.

¡Flotando en el viento!

Querido Dr. Edi Lupa,

　　Soy un *Plateosaurus* y tengo
un problema embarazoso: los gases.
Son dolorosos, ruidosos y, para ser
honestos, no huelen muy bien.
Me temo que voy a perder a mis amigos
de la manada. ¿Qué puedo hacer?

　　　　Avergonzado ,
　　　　entre los helechos

cola de caballo
(planta)

cícada (planta)

Plateosaurus

10

Dr. Edi Lupa
¡Solución a tus problemas!
c/ Volando sobre el agua, 1
Arroyo fresco 321 El Soto

Querido Avergonzado,

Me temo que la culpa es de tu dieta. Comes muchas hojas de plantas, como cícada, cola de caballo y araucaria, que son duras y difíciles de digerir.

Para ayudar a la digestión, vosotros los herbívoros os tragáis piedras que se colocan en la molleja (estómago número 1) para triturar los alimentos en trozos más pequeños. Después, el estómago número 2 digiere también estos trozos y la comida pasa al intestino, donde fermenta y produce gases.

¡Todos tus amigos de la manada tienen el mismo problema!

Es mejor que no seas tan sensible con las cosas que no puedes cambiar.

Mis mejores deseos,

Dr. Edi Lupa

araucaria (árbol)

11

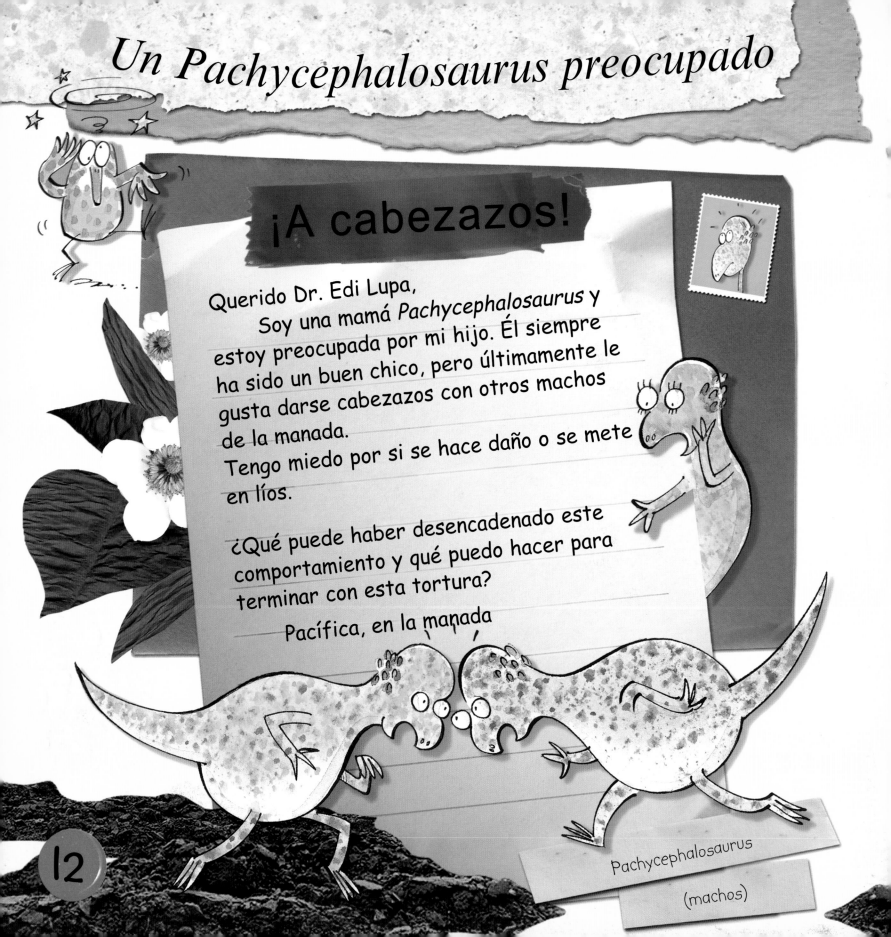

¡A cabezazos!

Querido Dr. Edi Lupa,

Soy una mamá *Pachycephalosaurus* y estoy preocupada por mi hijo. Él siempre ha sido un buen chico, pero últimamente le gusta darse cabezazos con otros machos de la manada.

Tengo miedo por si se hace daño o se mete en líos.

¿Qué puede haber desencadenado este comportamiento y qué puedo hacer para terminar con esta tortura?

Pacífica, en la manada

Pachycephalosaurus

(machos)

Pachycephalosaurus

(hembras)

Dr. Edi Lupa
¡Solución a tus problemas!
c/ Volando sobre el agua, 1
Arroyo fresco 321 El Soto

Querida **Pacífica,**

Parece ser que tu hijo ha alcanzado la edad de pelearse por las chicas.

Entre los miembros de tu especie, este comportamiento es normal. Los machos echan a correr y luchan chocando sus cabezas unos con otros, como los carneros. Ésta es la manera de saber quién es el macho más fuerte para citarse con las chicas y ser padre de las pequeñas crías. No debes preocuparte porque se pueda hacer daño: su cabeza está formada por hueso prácticamente sólido y, por tanto, su cerebro está bien protegido.

Recibe un cordial saludo,

Dr. Edi Lupa

Pasa la página para ver más sobre las citas de los dinosaurios...

Guía del Dr. Edi Lupa sobre las Citas de los Dinosaurios

¿Cómo lucha un dinosaurio macho para conseguir una cita con su chica? ¿Qué es lo que les hace ser tan especiales? Conoce alguno de los dinosaurios más seductores y descubre cómo ganarse el corazón de una chica.

Tyrannosaurus rex

Nosotros vivimos solos y las chicas de nuestra especie escasean. Si yo sé de alguna chica que busca pareja, rápidamente cazo una presa y le ofrezco el cadáver fresco y jugoso. ¿Tentador?

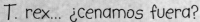

T. rex... ¿cenamos fuera?

Triceratops

¿Por qué me miras los cuernos?
¿No son los más largos y afilados?
Con mis cuernos lucho con mis rivales
de la manada hasta que suplican
clemencia.

Triceratops... ¡un chico avispado!

14

Protoceratops

Yo tengo un gran collar que adorna mi cuello y un atractivo pico que resulta muy útil para apartar a los otros machos de mi camino.

Protoceratops... con todos sus encantos

Dilophosaurus

A mí me creció una gran cresta de hueso sobre mi cabeza y así, cuando me muevo, los otros machos creen que mi cabeza es enorme y huyen asustados, dejándome solo con las chicas.

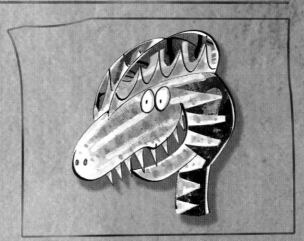

Dilophosaurus... ¡todo un triunfador!

Consejos del Dr. Edi Lupa

HACED lo que podáis para intimidar a vuestros rivales: rugid alto, moved vuestra cola, mostrad vuestros cuernos y levantad vuestras placas.

NO LUCHÉIS siempre con el primer macho que veáis. Tomaos vuestro tiempo y mirad alrededor. Cuando luchéis, tratad de escoger a alguien menor que vosotros.

RETROCEDED si resultáis menos amenazadores que vuestro oponente. Luchad sólo si sabéis que podéis ganar.

Una Maiasaura agobiada

¡Necesito espacio!

Querido Dr. Edi Lupa,

Soy una mamá *Maiasaura* criando a mi primera familia. Yo esperaba cuidar a mis crías en un lugar donde pudiera estar yo sola, pero me encuentro en una enorme colonia con centenares de otras madres. Estamos tan apretadas que ya no aguanto más.

¿Tiene que ser así?

Melancólica, en la colonia

Dr. Edi Lupa,
c/ Volando sobre el agua, 1
Arroyo fresco 321 El Soto

La colonia correos

NO MOLESTAR

colonia de Maiasaura

16

Dr. Edi Lupa
¡Solución a tus problemas!
c/ Volando sobre el agua, 1
Arroyo fresco 321 El Soto

Querida **Melancólica**,

Criar a tus pequeños dentro de una colonia es una buena manera de protegerlos del peligro. Los Maiasaura saben que la seguridad está en la colonia. Mientras tú estés buscando alimento para tus crías, tus vecinos las protegerán de los depredadores que rondan por los alrededores. Tu estancia en la colonia no será muy larga. Tus crías pronto crecerán lo suficiente para abandonar el nido y vivir en las praderas. El próximo año, volverás a anidar en la colonia y, para entonces, te sentirás como en casa y tus vecinos serán buenos amigos.

¡Buena suerte!

Dr. Edi Lupa

BIENVENIDO

Pasa la página para ver **más** sobre **los nidos...**

17

Guía del Dr. Edi Lupa sobre los Nidos

Hay otros dinosaurios que anidan también en colonias. Uno de ellos, el Oviraptor, nos ha enviado su álbum familiar para explicarnos cómo construye su nido y cómo cría a sus pequeños.

Aquí estoy construyendo el nido. Tengo que estar segura de hacer el borde bien alto para evitar que los huevos se caigan rodando.

No lo ves bien en esta foto, pero ¡acabo de poner 24 hermosos huevos! Estoy sentada sobre ellos para mantenerlos bien calentitos.

¡La primera cría ha roto el cascarón! Sus hermanos y hermanas saldrán del huevo en poco tiempo.

Tres criaturitas más: mis pequeñas crías abandonan el nido, ya preparadas para buscar su primer alimento.

Consejos del Dr. Edi Lupa

 PONED vuestros huevos dentro de nidos circulares o espirales con el borde bien definido. Preparad suficiente espacio para los huevos. Así, todas las crías tendrán sitio para salir del cascarón a sus anchas.

 NO PENSÉIS que tenéis que imitar al Oviraptor. En lugar de empollar los huevos, podéis cubrirlos con una capa de plantas o arena que mantenga el calor.

 NO OS PREOCUPÉIS por la forma de los huevos. Los dinosaurios pueden tener huevos redondos, ovales o en forma de salchicha.

¿Qué ocurre?

Querido Dr. Edi Lupa,

Soy un joven Eustreptospondylus. Mi madre me lleva con frecuencia a la costa para alimentarnos a lo largo de la orilla.

A veces me apetece bañarme, pero mi mamá no me deja. Dice que es peligroso y que debo esperar a ser mayor. ¿Tiene razón o simplemente está siendo injusta conmigo?

Harto de mamá,
en la playa

Eustreptospondylus

(mamá)

Dr. Edi Lupa
¡Solución a tus problemas!
c/ Volando sobre el agua, 1
Arroyo fresco 321 El Soto

Querido **Harto de mamá,**

Tu madre tiene razón. Los océanos están repletos de tiburones, cocodrilos y reptiles marinos gigantes que pueden ser mortales. También hay amonites y medusas que pueden morder y producir picaduras desagradables.

Tú, como dinosaurio depredador, eres muy buen nadador -tus huesos son ligeros, tus patas son fuertes y tus pies son como aletas- pero puedes tener problemas con las corrientes de agua. Es muy aconsejable que mientras crezcas, te mantengas sano y salvo en la orilla.

¡Ten cuidado!

Dr. Edi Lupa

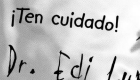

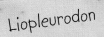
Liopleurodon

Cryptocleidus

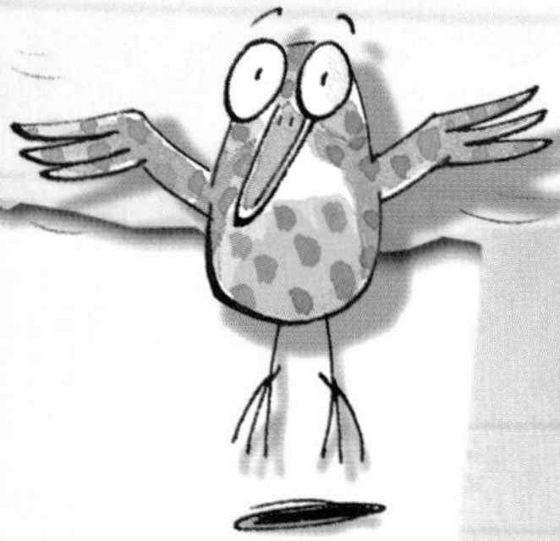

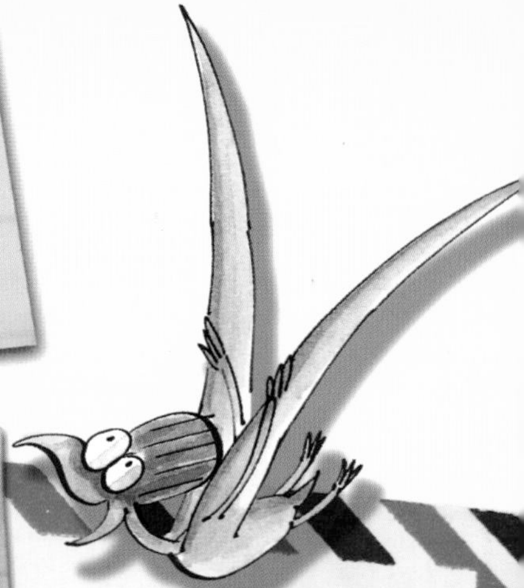

¡Estoy de los nervios!

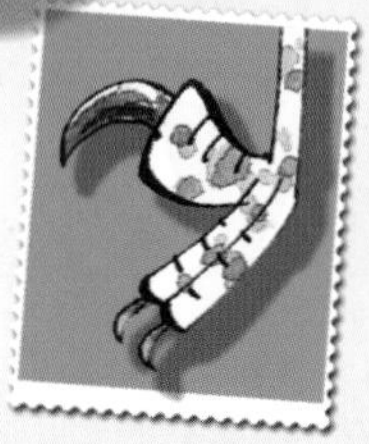

Querido Dr. Edi Lupa,

Soy un joven macho Utahraptor, un tipo bien sano y bastante atrevido. Me vuelvo loco por los pterosaurios. Los veo reunirse en los acantilados cercanos a casa, saltar y planear en el aire. Me parece emocionante.

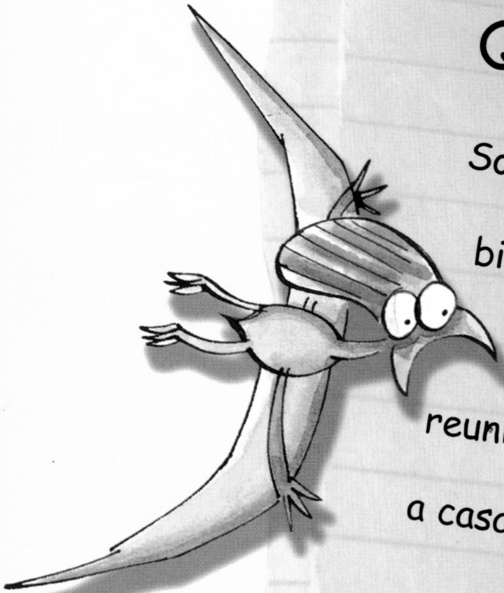

¿Cómo lo hacen?   ¿Es difícil?

¿Puedo probar?

Chalado y Confiado,
en el acantilado

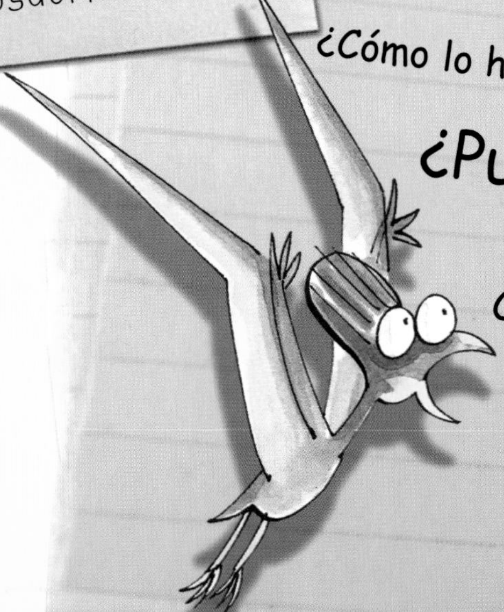

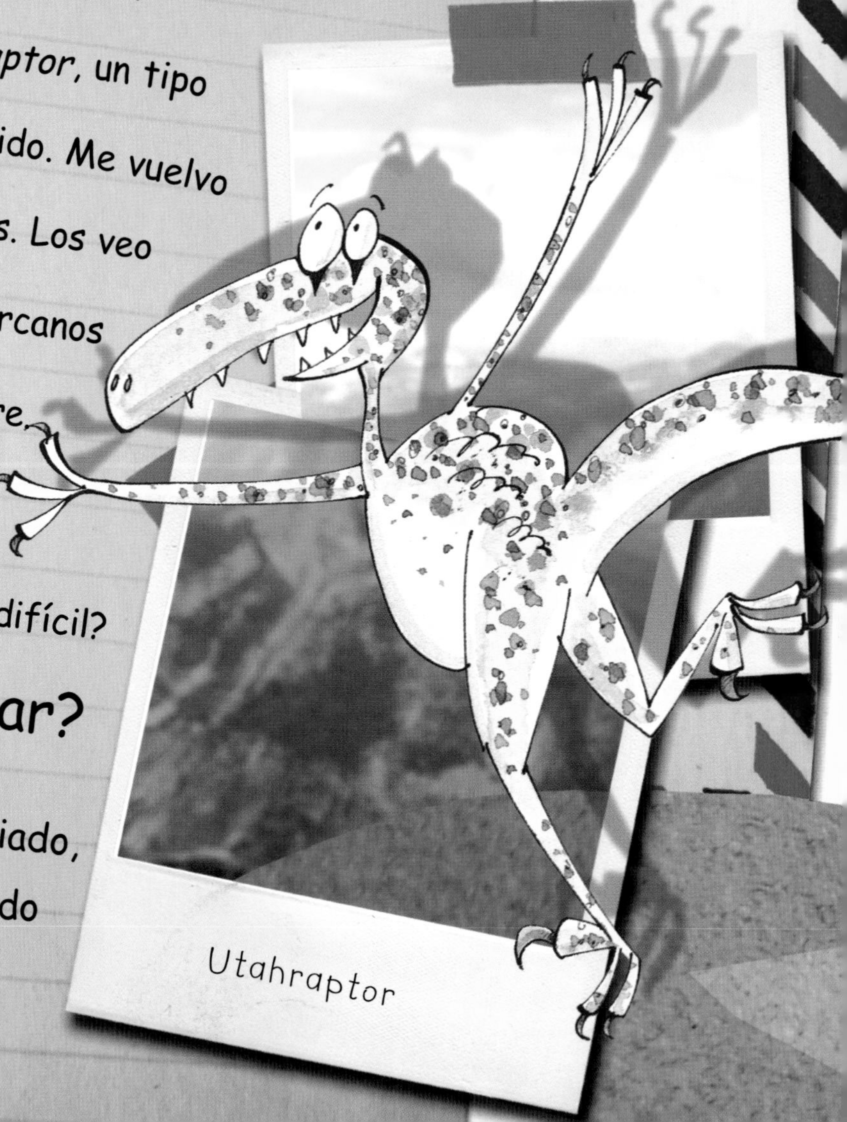

pterosaurios

Utahraptor

¡URGENTE!

Dr. Edi Lupa
¡Solución a tus problemas!
c/ Volando sobre el agua, 1
Arroyo fresco 321 El Soto

Querido **Chalado y Confiado**,

Bajo ningún concepto debes imitar a los pterosaurios o acercarte a los acantilados. Tú eres un dinosaurio, un animal terrestre, y no estás hecho para volar. Si bien es cierto que estás algo relacionado con los pterosaurios, ellos tienen un cuerpo completamente diferente. Tienen los huesos huecos y ligeros, y unas enormes y potentes alas, por lo que les resulta fácil dejarse llevar por las corrientes de aire y elevarse sobre los acantilados.

Sin duda, obsérvales a distancia y, a no ser que quieras una corta vida, ¡MANTENTE ALEJADO DE LOS ACANTILADOS!

Sinceramente tuyo,

Dr. Edi Lupa

¡PELIGRO!
¡ACANTILADO!

Un *Euoplocephalus* infeliz

¡Una historia trágica!

Querido Dr. Edi Lupa,
Soy una hembra *Euoplocephalus* y estoy contenta con mi cuerpo excepto por un detalle: un gran bulto óseo al final de mi cola. ¡Lo odio! Es muy pesado, feo y siempre me está estorbando.
¿Para qué sirve?
¿Puedes avisar al cirujano?
Extravagante, en el bosque

Maiasaura

Triceratops

Euoplocephalus

Dr. Edi Lupa
¡Solución a tus problemas!
c/ Volando sobre el agua, 1
Arroyo fresco 321 El Soto

Querida **Extravagante**,

Ese bulto óseo es, en realidad, un cola en forma de maza y es una buena arma de defensa. Cuando mueves la cola de lado a lado, puedes romper las espinillas de los grandes depredadores en miles de pedazos. Yo sé que tienes otras forma de protegerte, ya que tu cuerpo está cubierto de resistentes placas óseas, pero aun así, te aconsejaría que no te quitaras ese bulto en forma de maza de tu cola. Debes mantener todas tus defensas intactas, ya que llevas una vida solitaria, sin la protección de una manada.

Mis mejores deseos,

Dr. Edi Lupa

Albertosaurus

(depredador)

Pasa la página para ver más sobre las defensas de los dinosaurios...

Guía del Dr. Edi Lupa sobre las Defensas de los Dinosaurios

Los dinosaurios carnívoros son más rápidos y fieros, por tanto ¿qué hacer para evitar que te coman?

Cuatro expertos en defensas comparten sus experiencias.

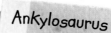

Ankylosaurus

Yo soy como un tanque armado. Tengo escudos y placas óseas incrustadas en mi piel. ¡Trata de darme un mordisco y te ganarás un bocado de dientes rotos!

Stegosaurus

Yo tengo púas afiladas al final de mi cola. Un buen coletazo contra el más fornido cazador lo estrellará contra el suelo.

Triceratops

Yo peso cinco toneladas y tengo tres cuernos afilados. Cuando embisto contra un carnívoro, ¡soy imparable!

Diplodocus

Yo soy demasiado grande para la mayoría de los depredadores. Si alguien trata de atacarme, le propino un buen coletazo y lo zarandeo.

Consejos del Dr. Edi Lupa

★ MANTENED los ojos bien abiertos y los oídos en alerta. Nunca os avergoncéis de salir corriendo a la primera señal de peligro. ¡Es la mejor defensa que existe!

★ AGACHAOS si se acerca un depredador. Así protegeréis vuestra vulnerable panza de los arañazos y los mordiscos.

★ NO OLVIDÉIS utilizar vuestras púas, cuernos o cualquier otra arma de defensa. Aun siendo herbívoros ¡podéis ser muy agresivos!

27

¡Bolas de fuego!

Querido Dr. Edi Lupa,

Soy un cocodrilo y me siento intranquilo. Aunque no soy un experto en astronomía, me parece que algo curioso está ocurriendo en el cielo. Todas las noches veo destellos y una bola incandescente que parece que se acerca. Siento el peligro en mis huesos.

¿Soy ridículo?

Sobrecogido,
en el mar

cocodrilo

Dr. Edi Lupa
¡Solución a tus problemas!
c/ Volando sobre el agua, 1
Arroyo fresco 321 El Soto

Querido **Sobrecogido,**

Los cocodrilos, como los dinosaurios, dominasteis la Tierra durante 165 millones de años. Vosotros sois dos de los grandes éxitos de la vida en la Tierra. Es cierto que a veces en nuestro planeta se extinguen alguna especies. Hay muchas razones que explican esto: meteoritos o cometas que chocan contra la Tierra, grandes erupciones volcánicas o cambios bruscos en el clima o en el nivel del mar. Aun así, incluso en las grandes extinciones, algunas especies se las arreglan para sobrevivir.

¡Tengo la sensación de que tú vas a ser una de ellas!

¡Buena suerte!

Dr. Edi Lupa

meteorito

Pachycephalosaurus

Tyrannosaurus rex

Triceratops

Edmontosaurus

29

Glosario

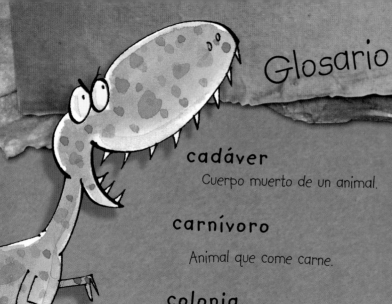

cadáver

Cuerpo muerto de un animal.

carnívoro

Animal que come carne.

colonia

Grupo de animales que viven juntos en un lugar.

cometa

Nube de gases, hielo y polvo que gira alrededor del sol.

corriente

Aire o agua que circula en una dirección particular.

depredadores

Animales que cazan a otros animales para alimentarse.

erupción

Explosión de un volcán con emisión de gas, cenizas y lava.

extinguido

Que ya no existe en la Tierra.

fermentación

Descomposición y cambio con expulsión de gases.

garra

Uña afilada y curva.

meteorito

Trozo de roca del espacio que choca contra la Tierra.

molleja

Estómago adicional de algunos animales utilizado para machacar alimento duro.

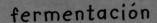

presas

Animales que son cazados y comidos por otros animales.

pterosaurios

Grupo de reptiles voladores que vivieron en la época de los dinosaurios.

saurio

Reptil.

Guía de los Nombres de los Dinosaurios

Los dinosaurios tienen nombres en latín muy largos y difíciles de pronunciar.

Conoce su significado y aprende su pronunciación con está práctica guía.

Albertosaurus (alberto-saurus) – significa "saurio de Alberta"

Allosaurus (alo-saurus) – significa "saurio extraño"

Ankylosaurus (anquilo-saurus) – significa "saurio con armadura"

Compsognathus (compso-gnatus) – significa "mandíbula elegante"

Deinonychus (dein-onicus) – significa "garra terrible"

Dilophosaurus (di-lofo-saurus) – significa "saurio de dos crestas"

Diplodocus (diplo-docus) – significa "doble viga"

Edmontosaurus (edmonto-saurus) – significa "saurio de Edmonton"

Euoplocephalus (Eu-oplo-cefalus) – significa "cabeza bien armada"

Eustreptospondylus (eu-strepto-spondilus) – significa "vértebras bien curvadas"

Maiasaura (maia-saura) – significa "saurio madre"'

Ornitholestes (ornito-lestes) – significa "ladrón de aves"

Oviraptor (ovi-raptor) – significa "ladrón de huevos"

Pachycephalosaurus (paqui-cefalo-saurus) – significa "saurio de cabeza engrosada"

Plateosaurus (plateo-saurus) – significa "saurio plano"

Protoceratops (proto-ceratops) – significa "primera cara con cuernos"

Stegosaurus (estego-saurus) – significa "saurio con techo"

Triceratops (tri-ceratops) – significa "cara con tres cuernos"

Tyrannosaurus rex (tirano-saurus rex) – significa "saurio tirano rey"

Utahraptor (uta-raptor) – significa "ladrón de Utah"

Saurios voladores:

pterosaurios (ptero-saurios) – significa "saurios con alas"

Saurios marinos:

Liopleurodon (lio-pleur-odon) – significa "dientes de caras lisas"

Cryptocleidus (cripto-cleidus) – significa "clavícula oculta"

Índice